むずかしすぎる
コウペンちゃん まちがいさがし

みつけられたの？
すご～い！

イラスト
るるてあ

日本文芸社

内容紹介

SNSやスタンプで絶大な人気を誇るコウペンちゃんが、
むずかしすぎるまちがいさがしになりました！

かわいいコウペンちゃんを眺めながら楽しむ
まちがいさがしは、癒し効果バツグン！！

また、この本のまちがいさがしは、
根気よく取り組まないとみつからない
むずかしい問題ばかりなので、あそんでいるだけで
自然に観察力や集中力が養えることまちがいなし……！

まちがいをたくさんみつけられたら、
コウペンちゃんにほめてもらえるかも！？

本書の使い方

1 レベル
みつけたらえら〜い、つよ〜い、すご〜い、はなまるの4つのレベルがあるよ。

2 まちがいの数
左と右の絵の、まちがいの数が書いてあるよ。ぜんぶみつけられるかな？

3 コウペンちゃんのイラスト
コウペンちゃんの一日、季節の行事、スポーツなど、レベルごとにテーマが変わるよ。まちがいがみつからなくても、コウペンちゃんはほめてくれるはず！

4 ヒント
まちがいをみつけるヒントが書いてあるよ。どうしてもみつからなかったときにたよろう！

こんな使い方もできるよ！

- 電車やバスでの移動中に
- ヒントをみないでひとりでじっくり
- コウペンちゃんにほめてもらいたいときに
- 家族や友達といっしょに
- ちょっとした待ち時間に

あそんでいるだけで満点！

もくじ

内容紹介・・・2

本書の使い方・・・3

Chapter 1
みつけたら えら〜い
コウペンちゃんの一日・・・5
Column 1　コウペンちゃんとなかよしなお友達・・・22

Chapter 2
みつけたら つよ〜い
コウペンちゃんと季節の行事・・・23
Column 2　コウペンちゃんとなかよしなお友達・・・38

Chapter 3
みつけたら すご〜い
コウペンちゃんとスポーツ・・・39
Column 3　コウペンちゃんとなかよしなお友達・・・54

Chapter 4
みつけたら はなまる
コウペンちゃんと楽しいお祭り・・・55

こたえあわせ・・・60

みつけたら
えら〜い
Chapter 1

コウペンちゃんの
一日

みつけたら えら〜い
コウペンちゃんの一日 **1**

3つのまちがいをさがせ！
布団から出られて えらーい！

あさひがまぶしい、いい朝だな〜。
布団をたたんで、きもちもスッキリ！
左と右の絵の3つのちがいをみつけてみよう！

ヒント1　ふとんちゃんを布団でくるっと包んでいるね
ヒント2　ちょこんと布団からちらっとでているよ〜！
ヒント3　キラキラッとしてきもちのいい朝だね〜

こたえは
60ページ

みつけたら えら〜い コウペンちゃんの一日 2

3つのまちがいをさがせ！
出発してえらーい！

どこにおでかけしようかな〜。

かんがえるだけで、わくわくするね。
左と右の絵の３つのちがいをみつけてみよう！

ヒント1 クローバーのついているはっぱのかず
ヒント2 それぞれの中にはなにがはいっているかな？
ヒント3 電車に乗るときにつかまるひもってなんてよぶの？

こたえは
60ページ

みつけたら えら〜い
コウペンちゃんの一日 3

3つのまちがいをさがせ！

お買(か)いものできてえらーい！

いいお天気だからたくさん買っちゃった！

今日のごはんはなににしようかな？
左と右の絵の3つのちがいをみつけてみよう！

お買いものできたの？えらい！

ヒント1 ペンギンちゃんの頭の上に花がかくれてる
ヒント2 ペンギンちゃんはなにをもってるのかな？
ヒント3 大きいペンギンさんのキラキラがふえている

こたえは**60ページ**

みつけたらえら〜い コウペンちゃんの一日 4

3つのまちがいをさがせ！
調べてえらーい！

ふむふむ、これはなんだろう？

虫めがねを使って、大調査だ〜！
左と右の絵の3つのちがいをみつけてみよう！

- ヒント1 ぜんたいをよく見てみたい！
- ヒント2 調べる目目を見つけてみよう
- ヒント3 ちっちゃなちがいがかくれているよ

こたえは
60ページ

みつけたら えら～い
コウペンちゃんの一日 5

3つのまちがいをさがせ！
集中して えらーい！

せかせか！ がんばれおべんきょう！

**きっと、りっぱなペンギンさんになれるよ。
左と右の絵の3つのちがいをみつけてみよう！**

ヒント1 アデリーさんがはげましてくれている！
ヒント2 きらきらが増えているんだね。
ヒント3 右どなりのおさんぽペンギンさんがうごいている。

こたえは **60ページ**

みつけたら えら〜い コウペンちゃんの一日 6

3つのまちがいをさがせ！

きたえて えらーい！

頭を使ったあとは、体をうごかそう！

あせをながすと、きもちがいいね！
左と右の絵の３つのちがいをみつけてみよう！

こたえは 60ページ

みつけたらえら～い コウペンちゃんの一日 7

3つのまちがいをさがせ！
シャワーあびてえらーい！

シャワーで疲れをあらいながそう！

ちゃんとかわかすのもわすれずにね。
左と右の絵の3つのちがいをみつけてみよう！

ヒント1　おなか3ぴき、足もとにいいものを見つけてね
ヒント2　ペンギンさんのまわりには花がたくさん？いろは？
ヒント3　ドライヤーちゃんもよくみてみよう

こたえは
61ページ

3つのまちがいをさがせ!
おやすみできてえらーい!

そろそろねる時間だよ～！
いい夢がみられますように。
左と右の絵の3つのちがいをみつけてみよう！

いっしょにおやすみしよ～

ヒント1 ぼうしにもようがついてるかな？
ヒント2 コウペンちゃんのまくらにほしをみつけたよ？
ヒント3 アデリーちゃんのめがくるんとしてるよ

こたえは
61ページ

Column 1 コウペンちゃんとなかよしなお友達

コウペンちゃん

のんきでやさしいコウテイペンギンのあかちゃん。
いっぱいいて、どこにでもいる。
ほめることも、ほめられることも大好き。
好きなたべものは、アデリーさんがつくったごはん。
のんびり釣りをするのも好き。
おたんじょうびは4月4日。
性別・年齢は不明。

みつけたら つよ〜い Chapter 2

コウペンちゃんと季節の行事

3つのまちがいをさがせ！
さくらひらひらお花見

今日はぽかぽかお花見びより！
コウペンちゃんは花より団子かな？
左と右の絵の３つのちがいをみつけてみよう！

ヒント1 おようふくのいろがちがうかも！
ヒント2 お団子がないよ〜！
ヒント3 さくらがちょっとちがうところがあるよ

こたえは
61ページ

みつけたら
つよ～い
コウペンちゃんと
季節の行事
2

3つのまちがいをさがせ!
わいわいにぎやか!
夏祭り

いろんな屋台がたくさん！！

みんなでまわって楽しいな〜。
左と右の絵の3つのちがいをみつけてみよう！

ヒント1 ぎんぎゃちゃんがおひげはやしたよ！
ヒント2 たこやきがひとつ食べられちゃった！
ヒント3 屋台の横にあるものがふえてみたよ！

こたえは
61ページ

3つのまちがいをさがせ!
よぞらにキラキラ!花火大会

かわいいゆかたが花火にぴったり。
かき氷が、よりおいしくかんじるね！
左と右の絵の3つのちがいをみつけてみよう！

ヒント1 花火にちらされて、おすけげが3本
ヒント2 暑いからたくさん食べて、ああ～ん！
ヒント3 ペンギンちゃんのおめめもキラキラだね！

こたえは **61ページ**

3つのまちがいをさがせ！
山へおでかけ！きのこがり

いろんな種類のきのこがいっぱい！
どんなお料理をつくろうかな〜。
左と右の絵の3つのちがいをみつけてみよう！

ヒント1 きのこさんがえらいひょうじょう！
ヒント2 赤くちゃめっけのいいきのこ
ヒント3 そっとこかげが草を作っている？

こたえは
61ページ

3つのまちがいをさがせ!
秋のお祭り！ハロウイン

おかしくれなきゃいたずらしちゃうぞ〜！
今年はどんな仮装をしようかな？
左と右の絵の３つのちがいをみつけてみよう！

ヒント1：ぼうしをとると、ひらがな「ん」にみえない？
ヒント2：ちがいにきづけるかな？
ヒント3：ペロペロキャンディーを仮装としている

こたえは
62ページ

33

3つのまちがいをさがせ！
待ちに待った！クリスマス

みんなでパーティー楽しいな〜。
サンタさんからのプレゼントなにをお願いしようかな？
左と右の絵の3つのちがいをみつけてみよう！

ヒント1 シロクマさんをよくみて……？
ヒント2 ペンギンちゃんの服を見るべし〜！
ヒント3 たおれているプレゼントの数がポイント！

こたえは **62ページ**

3つのまちがいをさがせ！
初もうでに行こう！お正月

あけましておめでとう！
みんなはお年玉はもらえるのかな？
左と右の絵の3つのちがいをみつけてみよう！

ヒント1 かがみもちにちゅう目〜
ヒント2 はながかざってある！
ヒント3 こまがまわってるよ

こたえは
62ページ

Column 2
コウペンちゃんとなかよしなお友達

邪(よこシマ)エナガさん

小(ちい)さくてまるい邪悪(じゃあく)(？)なシマエナガさん。
世界征服(せかいせいふく)を夢(ゆめ)みているが、ついついやさしさがにじみでてしまう。
コウペンちゃんの頭(あたま)の上(うえ)がアジト。
おたんじょうびは4月(がつ)29日(にち)。

アデリーさん

目(め)つきがわるくて、気性(きしょう)が荒(あら)いが、
見(み)た目(め)によらず
やさしいペンギンさん。
お料理(りょうり)が上手(じょうず)。
おたんじょうびは5月(がつ)25日(にち)。

みつけたら すご〜い Chapter 3

コウペンちゃんと スポーツ

みつけたら
すご〜い

コウペンちゃんと
スポーツ
1

3つのまちがいをさがせ！
の〜びのび ストレッチ

1、2、3、びよよ〜ん！
ストレッチは毎日つづけるのが大切だよ。
左と右の絵の3つのちがいをみつけてみよう！

こたえは **62ページ**

みつけたら
すご〜い

コウペンちゃんと
スポーツ
2

3つのまちがいをさがせ！
ぴょんぴょ〜ん！なわとび

なわとびにチャレンジ！

コウペンちゃんもとべるかな？
左と右の絵の３つのちがいをみつけてみよう！

バシャバシャ！スイミング

みつけたらすご〜い　コウペンちゃんとスポーツ 3

3つのまちがいをさがせ！

なかなか進まない〜！
でも、つめたいお水がきもちいいね！
左と右の絵の３つのちがいをみつけてみよう！

ヒント1　頭エネおなかにひもをつけてみよう！
ヒント2　ヘルメットには水が入っているみたいだよ！
ヒント3　一緒にあそぶともっとたのしいかな？

こたえは
62ページ

みつけたら すご〜い
コウペンちゃんとスポーツ 4

3つのまちがいをさがせ！
上手にとべるかな？ハードル走

よーし！邪エナガさんときょうそうだ！

勇気をだしてコウペンちゃんもジャ〜ンプ！
左と右の絵の3つのちがいをみつけてみよう！

こたえは
63ページ

ヒント1 「ドキドキ」がこまかくなくなる
ヒント2 大きく書いてあるところが見られる
ヒント3 ゼッケンが「870」だ〜

3つのまちがいをさがせ！
スマッシュ打つぞ〜 テニス

かっこいいところみせちゃおう！

サンバイザーがにあってるね。
左(ひだり)と右(みぎ)の絵(え)の3つのちがいをみつけてみよう！

ヒント1　ボールをよ〜くみてごらん
ヒント2　ひざをつけているハチヤーほらここだ？
ヒント3　ラケットをぎゅっとにぎるからシャンプのつけね！

こたえは
63ページ

みつけたら
すご〜い

コウペンちゃんと
スポーツ
6

3つのまちがいをさがせ！
みんなでわいわい！野球

いよいよ試合のはじまりだ～！

はなまるユニフォームがかっこいいね。
左と右の絵の３つのちがいをみつけてみよう！

ヒント1 グローブでボールはキャッチできるかな？
ヒント2 二刀流は漢字だよ！
ヒント3 バッティングフォームをよく見て～

こたえは **63ページ**

3つのまちがいをさがせ！
ラリーをしよう！バドミントン

みつけたら
すご〜い
コウペンちゃんと
スポーツ
7

シャトルがはやくてみえないよ〜。

とんでいかないように気をつけてね！
左と右の絵の３つのちがいをみつけてみよう！

こたえは63ページ

Column 3 コウペンちゃんとなかよしなお友達

大人のペンギンさん

こちら差し上げます

大きくてつるんとした
大人のコウテイペンギンさん。
どこにでもいて、誰にでもやさしい。
空を飛ぶことを
まだあきらめていない。
おたんじょうびは4月3日。

なんでもは
知らないんだよ

教えてくれるタイプのシロクマさん

とても大きくて物知りなシロクマさん。
いつもみんなのことを見守っていて、いろんなことを教えてくれる。
おたんじょうびは4月23日。

みつけたら はなまる Chapter 4

コウペンちゃんと 楽しいお祭り

1つのまちがいをさがせ！
いっしょにおどろ～！ダンスパーティー

みつけたら はなまる
コウペンちゃんと楽しいお祭り 1

すてきなことがおこりそう～♫

とびっきりのおしゃれをしちゃおう！
左と右の絵の1つのちがいをみつけてみよう！

こたえは **63ページ**

みつけたら はなまる
コウペンちゃんと楽しいお祭り 2

1つのまちがいをさがせ！
楽器をもって集合！音楽祭

いっしょにドレミファソ〜♪

みんなで歌って、もりあがろう！
左と右の絵の1つのちがいをみつけてみよう！

こたえは **63ページ**

こたえあわせ

みつけたら えら〜い Chapter 1

1

1. 邪エナガさんの位置が下がっている
2. 邪エナガさんの傾き
3. キラキラが小さくなっている

2

1. クローバーの傾き
2. かばんのひもが太くなっている
3. つりかわが大きくなっている

3

1. 邪エナガさんの位置が右にずれている
2. ねぎの緑の面積が増えている
3. 大人のペンギンさんの腕の位置が上がっている

4

1. シロクマさんの足の間隔がせまくなっている
2. コウペンちゃんの目がいれかわっている
3. 点が1つ増えている

5

1. アデリーさんの黒い毛が増えている
2. えんぴつの色が緑に変わっている
3. ざぶとんが大きくなっている

6

1. コウペンちゃんのしっぽのもようが大きくなっている
2. ダンベルが大きくなっている
3. 「っ」がぬけている

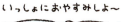

❶ 足が上下逆になっている
❷ お花の色が濃い赤に変わっている
❸ ドライヤーのコードが左右反転している

❶ ぼうしのポンポンが大きくなっている
❷ まくらのドットもようが1つ増えている
❸ ぬいぐるみの位置が上がっている

みつけたら つよ〜い Chapter 2

❶ 邪エナガさんの口が上下逆になっている
❷ お団子がいれかわっている
❸ 手の黒い線がのびている

❶ ちょうちんがいれかわっている
❷ ソースの面積が増えている
❸ ガスボンベのハンドルが左右反転している

❶ 背景のもようが大きくなっている
❷ かき氷が大きくなっている
❸ お面にほっぺが増えている

❶ ぼうしの破線がつながっている
❷ 山が大きくなっている
❸ 芝生が増えている

5

1. 邪エナガさんの羽が1つ減っている
2. コウペンちゃんのツノが左右反転している
3. ペロペロキャンディの棒がのびている

6

1. シロクマさんの口が上下逆になっている
2. コウペンちゃんの服のボタンが左右反転している
3. 大人のペンギンさんの服のボタンが増えている

7

1. 富士山の雪が増えている
2. 袴のそでのマークが大きくなっている
3. かどまつのふしの位置が上にある

2

1. 邪エナガさんの顔の位置が下にある
2. もち手のキャップが大きくなっている
3. なわとびのひものたるみがなくなっている

みつけたら すご〜い Chapter 3

1

1. ふきだしのギザギザが増えている
2. 邪エナガさんの影が大きくなっている
3. コウペンちゃんの毛がつながっている

3

1. 「ク」が「ケ」になっている
2. 水の泡が増えている
3. コウペンちゃんの手の位置が内側にある

❶ 「キ」がいれかわっている
❷ ハードルが大きくなっている
❸ ゼッケンが大きくなっている

❶ テニスボールの白い線の位置が変わっている
❷ サンバイザーが下がっている
❸ コウペンちゃんの手の重なりが逆になっている

❶ グローブのぬい目の「×」が「〇」になっている
❷ 「刀」が「カ」になっている
❸ バットのもようの線が1本増えている

❶ ユニフォームがすべて赤になっている
❷ ユニフォームのクローバーのマークの傾き
❸ 邪エナガさんの影が右にずれている

みつけたらはなまる Chapter 4

❶ ハットの月が小さくなっている

❶ 小だいこのバチが短くなっている

イラスト
るるてあ

イラストレーター。「出勤してえらい！」「おやすみしてえら〜い！」など日常のささいなことを肯定してくれる、SNSやLINEスタンプなどで大人気の「コウペンちゃん」の作者。企業やアーティストとのコラボ、原画展等のイベント、各種グッズ展開など、多岐にわたって活躍中。

BOOK STAFF

編集協力　株式会社ナイスク　http://naisg.com
　　　　　松尾里央、吉見涼、横松香峰子
本文デザイン・装丁　竹内夕紀

むずかしすぎるコウペンちゃんまちがいさがし
2019年8月1日　第1刷発行

著　者　コウペンちゃんまちがいさがし制作委員会
発行者　吉田芳史
印刷所　図書印刷株式会社
製本所　図書印刷株式会社
発行所　株式会社 日本文芸社
　　　　〒101-8407　東京都千代田区神田神保町1-7
　　　　TEL 03-3294-8931（営業）03-3294-8920（編集）

Printed in Japan　112190719-112190719Ⓝ01　(390031)
ISBN978-4-537-21699-8
URL https://www.nihonbungeisha.co.jp/
ⒸRURUTEA 2019
編集担当　上原

●法律で認められた場合を除いて、営利目的の有無に関わらず、本書からの複写・転載（電子化を含む）および頒布は禁じられています。
●代行業者等の第三者による電子データ化および電子書籍化は、いかなる場合も認められていません。
●乱丁・落丁本などの不良品がありましたら、小社製作部宛にお送りください。送料小社負担にておとりかえいたします。